López Luengo, Beatriz
   Cómo dormir mejor: claves para combatir el insomnio
/ Beatriz López Luengo, Carla Uriarte Chavarri;
ilustraciones Luis Ojeda. — Bogotá: Panamericana
Editorial, 2004.

   160 p. : il. ; 15 cm. — (Guías prácticas de educación y
                                        psicología)
   ISBN 958-30-1500-8

   1. Insomnio 2. Insomnio – Tratamiento 3. Sueño 4.
Sueño – aspectos psicológicos 5. Trastornos del sueño I.
Uriarte Chávarri, Carla II. Ojeda, Luis, il. III. Tít. IV. Serie.
154.6 cd 20 ed.
AHV9474

CEP-Banco de la República-Biblioteca Luis Ángel Arango

Beatriz López Luengo
Carla Uriarte Chávarri

CÓMO DORMIR MEJOR

Claves para combatir el insomnio

Beatriz López Luengo
Carla Uriarte Chávarri

CÓMO DORMIR MEJOR

Claves para combatir el insomnio

PANAMERICANA
EDITORIAL

Editor
Panamericana Editorial Ltda.

Director de la colección
Raúl Cremades

Ilustraciones
Luis Ojeda

Primera edición en Editorial Arguval, enero de 2003
Primera edición en Panamericana Editorial Ltda., abril de 2004

© Beatriz López Luengo
  Carla Uriarte Chávarri
© Editorial Arguval
© Panamericana Editorial Ltda.
Calle 12 No. 34-20, Tels.: 3603077 - 2770100
Fax: (57 1) 2373805
Correo electrónico: panaedit@panamericanaeditorial.com
www.panamericanaeditorial.com
Bogotá, D. C., Colombia

ISBN: 958-30-1500-8

Impreso por Panamericana Formas e Impresos S. A.
Calle 65 No. 95-28, Tels.: 4302110 - 4300355
Fax: (57 1) 2763008
Quien sólo actúa como impresor.

Impreso en Colombia   Printed in Colombia

A mi madre y a mis hermanos,
Alberto y Ángel,
por nuestro hermoso despertar.

A mi madre, que me enseñó a dormir.
A Javier, que comparte mis sueños.

Son las diez de la noche y acabas de llegar a casa después de un intenso día de trabajo. Notas el peso del cansancio acumulado a lo largo de toda la jornada. Te das un baño de agua caliente... ¡qué placer! Poco a poco vas desconectando de las preocupaciones del día. Tu cuerpo comienza a relajarse. Cuando acabas, te das una crema hidratante, te pones el pijama y aprovechas para hacer unos cuantos ejercicios de estiramiento.

A las once estás cenando. Como siempre, algo ligero: una sopa y una ensalada de pasta. Para finalizar, un vaso de leche. Te tumbas delante del televisor y de-

cides continuar viendo una película que tienes grabada en vídeo. El ambiente del salón es muy agradable: luz tenue, temperatura adecuada…

A las doce de la noche tus párpados empiezan a cerrarse. Es el momento de ir a dormir. Te lavas los dientes y te metes en la cama. A los diez minutos ya estás en los brazos de Morfeo. ¡Felices sueños!

¿Te identificas con la historia que acabas de leer? Si lo que te contamos se aleja bastante de tu realidad, ¡ánimo! Este libro está escrito pensando en ti.

Si no tienes problemas para quedarte dormido, también te recomendamos que lo leas. Puede servirte para orientar a aquellas personas que conoces que sí los tienen. Generalmente, las perso-

nas que duermen bien saben eso, que duermen bien, pero no saben cómo lo consiguen. Aquí te damos información de cómo sucede. Además, más vale prevenir que lamentar. Nunca se sabe si en algún momento tú puedes tener dificultades con tu sueño.

Capítulo 1

¿ES LO MISMO DECIR "INSOMNIO" QUE DECIR "ESTA NOCHE NO PUEDO DORMIR"?

Para responder a esta pregunta, primero hay que saber qué queremos decir cuando utilizamos la palabra "insomnio". Parece que es algo que se tiene o no se tiene. Pero, ¡amigo! Nada más lejos de la verdad. Esta palabra, que para algunos es sinónimo de infierno, esconde una variedad de quejas que se pueden relacionar con la **cantidad de tiempo** que dormimos, la **calidad del sueño** o **en qué condiciones nos encontramos al día siguiente** para afrontar los retos diarios.

Además, hay que tener en cuenta que no existe un insomnio, sino varios. No es lo mismo acostarse y no conseguir conciliar el sueño ni tras el salto de la ovejita número mil (*insomnio de inicio*) que dormirse plácidamente para despertarse durante la noche un sinfín de veces con vuelta va, vuelta viene (*insomnio de mantenimiento*). Puede ocurrir que empieces el sueño bien, sigas la noche sin problemas y que te encuentres con que los ojos se te han abierto antes de lo deseado, sin manera de volverte a dormir, por lo que sólo te queda esperar pacientemente a que amanezca (*insomnio de última hora*).

Volviendo a la pregunta inicial de si *es lo mismo no dormir una noche que*

tener insomnio, podemos decir que NO es lo mismo. Dormir mal una noche, o incluso horriblemente mal, no quiere decir que se tenga insomnio, sino simplemente que se ha dormido mal una noche. Generalmente, se considera que para poder "presumir" de insomnio los problemas tienen que darse, por lo menos, tres noches en una misma semana. Luego, en función de cuántas noches no podamos dormir hay diferentes tipos de insomnio. Si los problemas para dormir se han presentado durante menos de un mes, lo que se ha tenido es un *insomnio transitorio.* Suele estar provocado por una situación concreta. Cuando se soluciona, desaparece la dificultad para dormir.

Pongamos un ejemplo: según la Fundación Nacional del Sueño de Estados Unidos, después de los ataques terroristas contra las Torres Gemelas de Nueva York, un 69 por ciento de los estadounidenses afirmó haber sufrido algún tipo de insomnio posterior a los hechos. Aunque la mayoría de estas personas volverá a dormir bien cuando se les pase el susto, algunos se acostumbrarán a dormir mal y tendrán dificultades durante un periodo más largo.

No hace falta que un edificio se derrumbe, o que haya un terremoto, para que a ti te ocurra lo mismo. Basta con que pierdas el trabajo, te pelees con tu pareja o tengas problemas para los que no encuentras solución. En definitiva, se trata de asuntos que, como bien dice la expresión, "nos quitan el sueño".

A veces empezamos a dormir mal por una preocupación determinada, pero "aprendemos", o nos acostumbramos, a dormir mal y la dificultad se mantiene. Si dura de uno a seis meses, el insomnio se llama "de corto plazo" (aunque a la persona que lleva cinco meses sin pegar ojo le parezca una eternidad).

Finalmente, el que tiene insomnio "del bueno", es el que sigue con el problema más de seis meses. Recibe el nombre de *insomnio crónico*, así, sin más.

Para saber si no dormir es un problema, lo importante es ver hasta qué punto esto afecta a tus relaciones sociales, laborales y al bienestar psicológico. Si consideras que duermes mal, y además te deja tu pareja porque entre tus bostezos se siente poco escuchada, en el trabajo tus compañeros te regalan un quita-ojeras junto con este libro, sientes que el cansancio es tu estado natural y estás harto de tus problemas de sueño, puedes considerar que te pertenece de pleno derecho el título de insomne.

Capítulo 2

¿SUFRES DE INSOMNIO? SI NO ESTÁS SEGURO, RESPONDE A NUESTRO CUESTIONARIO

Para averiguar si tienes insomnio y de qué tipo, lee atentamente cada una de las preguntas y marca una sola respuesta en el casillero de la derecha (para contestar, piensa en el <u>último mes</u>).

1. ¿Cómo consideras que ha sido la calidad de tu sueño?

    1. Muy buena   □
    2. Aceptablemente buena   □
    3. Algo mala   □
    4. Muy mala   □

2. Una vez que decidiste ir a dormir, ¿aproximadamente cuántos minutos necesitaste para quedarte dormido?

    1. 0-20 min.   □
    2. 21-30 min.   □

3. 31-60 min. ☐
4. Más de 60 min. ☐

3. Durante los últimos treinta días, ¿cuántas veces te sueles despertar cada noche?
    1. Ninguna ☐
    2. 1-3 veces ☐
    3. 4-5 veces ☐
    4. Más de 5 veces ☐

4. Cada noche, ¿cuántas horas has dormido realmente, sin contar el tiempo que estuviste despierto?
    1. 8 horas ☐
    2. 6-7 horas ☐
    3. 5-6 horas ☐
    4. Menos de 5 ☐

5. Durante el pasado mes, ¿te sentiste con sueño durante el día?
    1. Nunca ☐
    2. Un poco ☐

3. Bastante ☐
4. Todo el tiempo ☐

6. ¿Cuántas veces tuviste que tomar algún producto para poder dormir que no necesita receta (infusiones, preparados de homeopatía, extractos de hierbas, etc.)?

1. Nunca ☐
2. 1-7 veces ☐
3. 8-20 veces ☐
4. Más de 20 veces ☐

7. En el pasado mes ¿cuántas veces has tomado medicamentos para dormir de los que necesitan receta?

1. Nunca ☐
2. 1-7 veces ☐
3. 8-20 veces ☐
4. Más de 20 veces ☐

Una vez hayas terminado de leer y marcar una sola opción para cada frase, suma los puntos que corresponden a los números de la izquierda.

De 7 a 9: ¡Enhorabuena! No padeces de insomnio.

De 9 a 14: Puedes estar teniendo algunos problemas para dormir, pero se trata de un insomnio leve.

De 14 a 21: Parece que tienes un insomnio moderado. Lee atentamente la parte de estrategias útiles para dormir y, sobre todo, ¡empieza a cambiar tus hábitos!

De 21 a 28: Tienes un insomnio severo. Realmente lo estás pasando muy mal. Pon en práctica las recomendaciones que presentamos en este libro, y si todo falla, recuerda que existen buenos profesionales que te pueden ayudar.

Capítulo 3

CUANDO EL INSOMNIO DEJA DE SER ALGO ANECDÓTICO, ¿QUÉ LE SUCEDE A ...

3.1. ... nuestra mente?

Sentirse "miserable" suele ser uno de los primeros efectos que aparecen al dormir mal. Cuando es de noche y parece que el resto de la humanidad está durmiendo, no poder dormir genera nerviosismo y malestar psicológico. Eso sin contar con el nerviosismo provo-

cado por pensamientos del tipo: "¡Madre mía! Mañana me voy a morir"... y morir, lo que se dice morir, no va a pasar, pero sí que pueden aparecer problemas.

Aunque hay personas que tras una mala noche no notan ningún malestar, muchas se vuelven irritables y tienen la sensación de estar todo el día en tensión. Nos volvemos más lentos y los reflejos disminuyen, con el consiguiente peligro al conducir y al realizar otras actividades de riesgo. También podemos sentirnos tristes y como si todo estuviera fuera de nuestro control.

No es recomendable poner a prueba la inteligencia si no has dormido, ya que uno se vuelve más torpe para hacer operaciones aritméticas. Además, los niveles de atención suelen dejar bastante que desear. También es frecuente que aparezcan problemas para recordar cosas que han ocurrido. Por ejemplo, si duermes mal, no te extrañe que se te olvide, mientras marcas un número de teléfono, a quién estabas llamando, o dónde has dejado las llaves dos minutos después de entrar en casa.

3.2. ... nuestro comportamiento?

Si cuando no dormimos falla la memoria, el tiempo de reacción disminuye y somos menos capaces de mantener la atención, parece fácil entender que nuestro rendimiento, en general, disminuirá. Por ello, si estás pasando por una mala racha con el sueño, te pedimos que no te lances a realizar actividades de riesgo. Evita conducir, subirte a un andamio, trabajar con máquinas pesadas, hacer montañismo y todo lo que pueda suponer un riesgo para ti o para tu familia.

En el caso de que no puedas posponer alguna de estas tareas, al menos ten en cuenta que, en contra de lo que diga la lógica, a medida que avanza el día nos vamos encontrando mejor, siendo los primeros momentos de la mañana cuando el rendimiento se ve más afectado.

Otros problemas derivados de la falta de sueño pueden ser las cabezadas en medio de una charla, los bostezos ante el apasionante relato de las dolencias del vecino y, en definitiva, todas las manifestaciones externas de somnolencia. Esperamos que no hayas sufrido la tortura de tener a un metro de distancia a una persona dando una charla mientras tus ojos se cerraban contra tu voluntad y el cuello parecía como si se hubiera vuelto de goma en la búsqueda involuntaria de una "cabezadita" inoportuna.

3.3. ... nuestra salud?

Una de las mayores preocupaciones que provoca el insomnio son sus consecuencias en nuestra salud. La mayoría de los problemas físicos que aparecen suelen ser psicosomáticos, es decir, síntomas físicos que tienen como base un malestar emocional, o un problema de ansiedad, tal y como ocurre en las cefaleas tensionales, algunos problemas gastrointestinales, dolores y molestias inespecíficas, o alergias.

No hay que perder de vista que, al igual que el estrés, la falta de sueño afecta al sistema inmunológico: el que nos protege de las enfermedades.

Como conclusión sobre lo que ocurre cuando se duerme mal, hay que recordar que todo esto junto puede dar lugar a problemas en el trabajo, en tanto en cuanto disminuye el rendimiento; también produce problemas en la vida social; y, en general, disminuye la calidad de vida, algo que no deberíamos permitir, ya que España es, por fortuna, uno de los países con mejor calidad de vida del mundo.

Capítulo 4

LA AVENTURA COTIDIANA DEL SUEÑO. UN VIAJE AL HOGAR DE MORFEO

4.1. ¡Durante el sueño no paramos! Conoce sus fases

¿Te has preguntado alguna vez qué les pasa a tu cuerpo y a tu mente mientras duermes?

No paran. Esto se descubrió cuando un científico americano quiso probar un aparato para medir ondas cerebrales que le acababan de traer del taller. Lo úni-

co que se le ocurrió fue enchufarlo a su hijo que, –como dormía–, no se iba a enterar. Para su sorpresa, el aparato se volvió loco. Primero pensó que le habían timado con el arreglo, pero siguió investigando hasta que descubrió que esa actividad agitada del cerebro coincidía con los momentos en los que su hijo soñaba, y que ocurre en lo que hoy se conoce como sueño MOR (son las siglas de *Movimientos Oculares Rápidos*, más conocido por sus siglas en inglés, REM).

Pero estamos empezando la casa por el tejado, ya que esta es la última fase del sueño. Vayamos por partes. El sueño se puede dividir en dos estados distintos: sueño tranquilo y sueño activo.

Dentro del estado tranquilo hay varias fases que van del sueño más ligero al más profundo, coincidiendo con la actividad de las ondas cerebrales, las cuales se miden de forma sencilla utilizando el electroencefalograma.

Podemos hablar de cuatro fases del "sueño tranquilo". La primera se denomina *fase 1* (verás que no se han roto la cabeza para ponerle el nombre). En esta fase, en la que nos vamos quedando dormidos, disminuye el ritmo respiratorio y las ondas cerebrales se enlentecen, adoptando un patrón irregular. Es entonces cuando podemos tener visiones, o la sensación de que nos vamos a caer, la sensación de estar flotando o de perder el equilibrio.

A medida que nos vamos quedando dormidos entramos en la *fase 2*, la cual suele durar unos veinte minutos. Las ondas cerebrales que se producen en esta fase se caracterizan porque surgen como explosiones de actividad rápida y rítmica. Los movimientos en la cama, las charlas, gritos o monólogos, se suelen dar en esta fase.

La *fase 3* es como de transición. Dura unos minutos, y en ella empiezan a aparecer las ondas cerebrales características de la siguiente fase. Las ondas de la *fase 4* se llaman ondas delta. Esta fase dura aproximadamente media hora, y es cuando estamos profundamente dormidos. Si no oyes el despertador cuando suena, lo más probable es que estés en esta fase.

Quizás pienses que todo acaba aquí, pero no es así. Dormir es cíclico, lo que significa que no permanecemos tranquilamente en la fase 4, sino que pasada una media hora la actividad del cerebro se modifica, volviendo a las fases anteriores (3 y 2).

A partir de aquí desembocamos en el sueño activo, que recibe el nombre de *fase MOR*, y que corresponde al otro estado del sueño del que hablábamos al principio. En esta fase nuestras ondas cerebrales se vuelven más rápidas, el ritmo cardíaco aumenta, la respiración se acelera y se vuelve irregular, y cada medio minuto, más o menos, los ojos giran muy rápido detrás de los párpados. Mientras esto ocurre el resto de los músculos del cuerpo permanecen totalmente relajados; por eso se llama también "sueño paradójico".

¿Por qué en esta fase no nos movemos, a pesar de que nuestros ojos no paran de hacerlo? Porque aunque el cerebro cree que está despierto y manda las mismas señales a los músculos para que se muevan, éstos han recibido previamente órdenes de otra parte del cerebro que les avisa que las órdenes son de mentirijillas y no deben ser obedecidas. Gracias a esto nos quedamos quietecitos en la cama y evitamos el peligro que implicaría hacer lo mismo que hacemos en sueños.

4.2. No es totalmente cierto que con la edad suframos más de insomnio

Sobre la edad y el sueño hay opiniones de todo tipo. Antes se creía que las

personas mayores necesitaban dormir más. Actualmente existe la creencia extendida de que cuanto más mayores nos hacemos, menos dormimos. Los datos parecen indicar que estas dos afirmaciones no son del todo ciertas.

A partir de los 20 años la duración del sueño se estabiliza. Con la edad, lo que sí cambia es el patrón de sueño. Es decir, dormimos lo mismo pero de diferente manera. La hormona de crecimiento está relacionada con el sueño. Una persona mayor no segrega mucha hormona de crecimiento, lo que se traduce en que su sueño es mucho menos profundo: se reduce mucho la fase 4, la del sueño profundo. Esto quiere decir que el más mínimo ruido le va a despertar con mayor facilidad. En consecuencia, a medida que una persona envejece, el sueño es más fragmentado:

una persona de 60 años se despierta un promedio de veintidós veces cada noche mientras que una joven lo hace unas diez veces, independientemente de que lo recuerden o no.

Aunque se suelen producir más quejas relacionadas con el insomnio en personas mayores de 65 años que en aquellas de entre 18 y 34, la edad no es el único factor que puede explicar estos datos. Hay muchas variables que pueden favorecer el insomnio, las cuales aparecen con mayor frecuencia cuando somos mayores. Esto ocurre con determinadas enfermedades tales como la artritis, cambios ambientales (que a las personas mayores les afectan más), medicamentos con efectos secundarios que afectan al sueño y algunos estados psicológicos como la ansiedad o la depresión, entre otros.

Relacionado con la edad, y pasando al otro extremo, es importante resaltar que el insomnio también puede aparecer en niños. Aunque no suelen decirlo de manera tan directa como los adultos, lo muestran a través de rabietas a la hora de ir a la cama o despertares prolongados y con llantos durante la noche. Generalmente estos problemas suelen desaparecer con la edad, al final de la adolescencia.

4.3. El dormir también entiende de razones

Aunque parezca increíble, todavía no está muy claro para qué sirve dormir. ¡De verdad! Aunque llevamos siglos de disquisiciones filosóficas acerca del dormir, y décadas de intensa investigación científica, no se tienen muy claras cuáles son sus funciones.

Aun así, como los humanos tenemos la curiosa necesidad de explicarlo todo, no te vamos a dejar sin explicación. Hay dos teorías principales en torno a este fenómeno: la del reposo y la de la reparación. Mientras que la *teoría del reposo* apoya la idea de que dormir sirve para descansar y ahorrar energía, la *teoría de la reparación* plantea que durante el día nos vamos quedando sin energía y se produce una destrucción de los tejidos, de tal forma que dormir tendría la misión de actuar como "el momento reparador" en el que el cuerpo descansa mientras los tejidos se reparan y reconstruyen.

Capítulo 5

QUIÉN ES QUIÉN EN EL MUNDO DE LOS NOCTÁMBULOS FORZOSOS: INSOMNIO PARA TODOS LOS GUSTOS

Hay dos tipos principales de insomnio: el insomnio primario, es decir, el propiamente dicho, que constituye una alteración en sí misma y sin más; y el insomnio secundario, que es consecuencia de algo. Veamos cada uno de ellos.

5.1. Insomnios primarios: los de toda la vida

a. El psicofisiológico

El insomnio psicofisiológico se inicia cuando los problemas "quitan el sueño", y se mantiene porque la persona aprende que no puede dormir. La persona relaciona cosas como la hora de dormir, la cama o el osito de peluche con la imposibilidad de dormir y la angustia, en lugar de relacionarlos con el sueño. De esta manera, el problema del insomnio persiste aunque se haya solucionado la causa que lo originó.

b. El subjetivo

El insomnio subjetivo se refiere a los casos en los que la persona se queja de dormir mal y de sufrir al día siguiente los efectos del insomnio, pero cuando se le enchufa a la máquina del sueño (las que miden la actividad eléctrica del cerebro cuando dormimos) se observa que su pauta de sueño es normal. Esto no significa necesariamente que se lo inventen o que quieran llamar la atención, la persona cree que duerme mal.

c. El idiopático

Se inicia en la infancia y permanece en la edad adulta. Las personas que lo sufren no saben lo que es "dormir a pierna suelta", ya que durante toda su vida han tenido problemas para dormir. Lógicamente, al estar acostumbradas a no dormir bien, sienten que no interfiere tanto en sus vidas como les ocurre a las personas a las que el insomnio les aparece de repente.

5.2. Insomnios secundarios: problemas de sueño debidos a...

El insomnio puede ser debido a diversas razones. Veamos algunas de ellas.

- Alteraciones mentales: Hay algunas alteraciones mentales que pueden facilitar que las personas que las sufran tengan problemas de insomnio, como ocurre con los trastornos del estado de ánimo (depresión) o la ansiedad. Además, hay ocasiones en las que el medicamento que se usa para tratar la alteración mental produce insomnio como efecto secundario.

- Problemas médicos: Las enfermedades que generan dolor se suelen acompañar de problemas de insomnio: lumbalgia, artritis, osteoporosis, cefaleas y cáncer son buenos ejemplos. Otras dolencias que se relacionan con el insomnio son la insuficiencia cardiaca congestiva, la enfermedad pulmonar crónica, los problemas endocrinológicos y las enfermedades renales, entre otras.

- Consumo de alcohol u otras drogas: Aunque se suele presentar el alcohol como un medio para dormir y olvidar las penas, esto no es del todo cierto. El alcohol puede producir somnolencia, pero al mismo tiempo altera los ciclos que hemos descrito antes, haciendo que el sueño sea menos efectivo (se fragmenta). También hay otras sustancias, como los estimulantes (cafeína o anfetaminas), que interfieren en el sueño.

- Diversos factores de nuestro entorno: Una temperatura excesiva, un colchón incómodo o el ruido de la calle son ejemplos de cosas que nos rodean y que pueden provocar problemas de sueño.

- Alteraciones respiratorias inducidas por el sueño: Hay alteraciones, como la apnea del sueño, que hacen que la persona deje de respirar durante varios segundos mientras duerme. Esto se acompaña de grandes ronquidos cuando se vuelve a inspirar, y de un sueño inquieto.

- Alteraciones del movimiento: Existen unas alteraciones realmente incómodas que pueden dificultar el sueño. Por ejemplo, en el *síndrome de las piernas inquietas* se tiene una incómoda sensación de malestar en las pantorrillas, junto con un impulso irresistible a mover las piernas. También puede pasar en los brazos, piernas y manos.

- Alteraciones del ritmo circadiano: El ciclo de vigilia-sueño puede verse afectado de varias formas:

- Por los cambios horarios al viajar en avión. Los problemas de sueño que esto genera se conocen como *jet-lag*.

- Por cambios en la hora de acostarse debido a los turnos rotativos en el trabajo.

- Por malos hábitos para dormir, como echarse siestas de tres horas o aprovechar el fin de semana para acostarse a las siete de la mañana y levantarse el domingo a las tres de la tarde.

- Por el *síndrome de fase retrasada del sueño*. Las personas que sufren este síndrome no tienen sueño hasta bien entrada la noche. Esto no es un problema si tienes un trabajo que te permite dormir hasta las doce, pero si no es tu caso te puedes convertir en un ojeroso permanente.

- Por el síndrome contrario, es decir, el *síndrome de la fase adelantada*, por el que la somnolencia se hace muy intensa a una hora muy temprana.

- Parasomnias: Sonambulismo, terrores nocturnos, pesadillas, movimientos rítmicos como golpear con la cabeza o mecerse mientras se duerme, se engloban bajo el nombre de parasomnias, y pueden provocar insomnio.

Capítulo 6

ESTRATEGIAS ÚTILES PARA QUE EL INSOMNIO NO TE QUITE EL SUEÑO

6.1. ¿Qué puede ayudarte a ser como la Bella Durmiente?

a. Aprende a relajarte

Si a lo largo del día vas acumulando tensión y al llegar la noche no has conseguido reducirla… ¡sería un milagro que durmieras bien! Si esto te ocurre habitualmente, necesitas aprender a relajarte.

Hay algunos ejercicios que puedes practicar y que no requieren mucho tiempo. Consiste en hacer **estiramientos de los músculos del cuerpo**. Un ejemplo sería el siguiente:

"Baja la cabeza hasta que la barbilla toque el pecho y gira la cabeza hacia la izquierda hasta que la barbilla toque el hombro. Mueve la cabeza en círculo hacia atrás, pasando por el hombro derecho, hasta completar un giro. Repítelo en sentido contrario".

Estos ejercicios suelen ser suficientes para conseguir relajarse, pero cuando la tensión acumulada es mucha, en ocasiones se necesita otro tipo de técnicas. Una de ellas es la *respiración abdominal*.

Es una de las técnicas de relajación más fáciles. A primera vista parece tan simple, que quizás no consideres necesario practicarla. ¡Nada más lejos de la realidad! Este tipo de respiración tiene que convertirse en algo automático. Para conseguirlo, **debes practicar veinte minutos diarios** durante, al menos, dos semanas.

La forma de hacer la respiración abdominal es la siguiente:

1º. **Túmbate boca arriba** adoptando una postura cómoda. **Cierra los ojos** y suelta los músculos.

2º. **Respira de forma pausada y natural**. Observa el ritmo y la profundidad de tu respiración. Cuando tengas conciencia del ritmo, empieza a respirar más con el abdomen que con el tórax. Para comprobar que lo estás haciendo bien, coloca una mano sobre el abdomen y la otra sobre el pecho y siente cómo el abdomen sube y baja mientras que el pecho permanece quieto. No se trata de respirar más rápido o más lento sino simplemente de hacerlo tal y como lo harías normalmente, pero siempre con el abdomen.

3º. Cuando seas capaz de practicar este tipo de respiración sin ninguna clase de molestias, deberás introducir una pequeña variación. Después de cada salida de aire intenta **detener la respiración durante un par de segundos**, centrándote y analizando la respiración anterior.

4º. Una vez dominado esto, lo siguiente es **sentir cómo el aire que sale por la nariz toca en el labio superior**, o sentirlo dentro de la nariz, y notar cómo éste entra y sale (el aire siempre debe entrar y salir por la nariz).

5º. Una vez encontrado este punto en donde sientes la respiración, debes sentir cómo entra el aire fresco y sale el aire caliente. Después de cada inspiración debes hacer una pausa de un par de segundos, y otra después de expulsarlo.

Mientras practicas la respiración abdominal puede ocurrir que algunos pensamientos intenten atraer tu atención. Si te sucede esto no intentes evitarlos. No lo hagas, porque no sirve para nada… ¡siempre vuelven! En su lugar, toma el pensamiento e imagínate escribiéndolo en un trozo de papel. Entonces imagina que tienes un globo. Enrolla el papel con el pensamiento escrito en él, introdúcelo dentro del globo y suéltalo. Cada vez que sueltes el aire, observa cómo se aleja el globo. Cuando esté lo suficientemente alto, volando por el cielo, centra de nuevo tu atención en la respiración y continúa concentrándote en cómo el aire entra y sale de tus pulmones.

Si sientes que tu mente está demasiado llena como para concentrarte bien en la respiración abdominal, puede ayudarte **repetir mentalmente una palabra relajante** de dos sílabas. Cuando tomas el aire debes decir mentalmente la primera sílaba de la palabra, y la segunda cuando lo expulses. Por ejemplo, FE-LIZ.

Aunque puedes utilizar cualquier palabra, te recomendamos que no uses la palabra "relax". Por alguna razón, esta palabra suele poner más tensa a la gente. Algunas palabras que pueden serte de utilidad son "calma", flotar"… ¿Se te ocurre alguna otra?

Debes hacerlo en un lugar con una temperatura agradable que te permita intimidad, calma y que donde no seas molestado. Regla de oro: <u>No tengas prisa</u>.

b. Haz ejercicio

¿Haces ejercicio de forma regular? La respuesta a esta pregunta es importante, sobre todo si respondes afirmativamente a la siguiente: ¿tienes problemas de sueño? Si tu respuesta es "sí" y no haces regularmente ejercicio, lee con detalle lo que te contamos a continuación.

En general, **la práctica de ejercicio físico de forma regular ayuda a conciliar el sueño** y contribuye a un sueño más reparador. ¿Carece de importancia en qué momento del día se haga el ejercicio y de qué forma? No. A con-

tinuación te damos una serie de consejos que debes tener en cuenta:

● Cualquier momento del día no es
adecuado para hacer deporte. Si lo
practicas pocas horas antes de irte a
dormir, posiblemente te activará más,
y si lo haces por la mañana su efecto
en el sueño será mínimo porque cuando quieras meterte en la cama habrá
pasado demasiado tiempo. **El mejor
momento para hacer ejercicio es a
media tarde o cuando empieza a
anochecer**.

● **Debes tener en cuenta la intensidad del ejercicio**. Es probable que
el ejercicio intenso te altere el sueño
al dejarte agotado.

● Hacer ejercicio sólo puede ayudarte
si tu **actitud hacia él es positiva**. Si
lo tomas como algo impuesto y no es-

tás nada motivado, tus problemas de sueño no sólo no mejorarán sino que probablemente empeorarán.

Si eres una persona que habitualmente no hace ejercicio, lo más lógico es que te cueste empezar a practicarlo ahora. ¿Sabes por qué hacer ejercicio funciona? Es posible que si te lo explicamos te cueste menos ponerte en marcha.

El ejercicio en sí no sólo mejora la calidad del sueño sino que **aumenta la**

temperatura corporal. Y esto ¿qué tiene que ver con el sueño? La temperatura corporal varía durante el día. Se va incrementando a lo largo de la mañana, alcanza el nivel máximo a media tarde y desciende por la noche. De esta forma, la disminución de la temperatura del cuerpo está asociada con el dormir.

Siguiendo este argumento, si unas horas antes de ir a dormir aumentamos la temperatura de nuestro cuerpo, la bajada posterior de temperatura será mayor, lo que facilitará que nos quedemos dormidos. Cuanto más descienda la temperatura, más profundo y constante será el sueño.

¿Qué podemos hacer para que la temperatura corporal aumente? Una de las formas de conseguirlo es con ejercicio (tomar un baño de agua caliente también puede ayudar).

Si has comprendido cómo actúa el mecanismo, entenderás también que si haces ejercicio justo antes de irte a la cama te costará más trabajo quedarte dormido. Evidentemente, una bajada de la temperatura corporal le indica al cuerpo que es hora de dormir, pero ten en cuenta que se necesita tiempo para que ese aumento de temperatura producido por el ejercicio disminuya… ¡y eso puede llegar a tardar hasta seis

horas! Por lo tanto, si haces ejercicio, intenta que sea **al menos tres horas antes de irte a la cama**.

c. Vigila tu alimentación

Independientemente de que haya alimentos que puedan favorecer o perjudicar el sueño, la dieta alimenticia repercute en la calidad del sueño. Si es pobre en vitaminas, minerales y otras sustancias nutritivas, afectará negativamente a tu sueño.

Veamos algunas consideraciones sobre la alimentación:

● Existe la creencia errónea de que cenar mucho ayuda a dormir, ¡nada más lejos de la realidad! **La cena debe ser ligera**. Una comida completa activa el sistema digestivo y esto interfiere en el sueño.

• Debes **evitar alimentos demasiados grasos y picantes**, ya que pueden provocar acidez de estómago, haciendo difícil que te quedes dormido y causándote incomodidad durante la noche.

• Si no has podido evitar cenar copiosamente, deja pasar, al menos, dos horas antes de acostarte.

• Aunque no es bueno cenar mucho, lo contrario tampoco es la solución. Hay que **evitar irse a dormir con hambre**.

• ¡Cuidado con las dietas bajas en calorías! Hacen que el sueño sea corto y fragmentado.

• En relación con las vitaminas y minerales que afectan al sueño, las que están involucradas de una forma más directa son las vitaminas B_3 (en los cereales integrales, las nueces, las setas…) y B_6 (en el germen de trigo, la patata, los frutos secos…), el calcio (en los productos lácteos, las almendras…) y el magnesio (en los cereales integrales, los frutos secos, las acelgas…).

• Si no quieres despertarte para ir a orinar, **evita beber mucho líquido al anochecer**. Esto puede hacer que tengas problemas para reiniciar el sueño. Acuérdate de vaciar la vejiga antes de acostarte.

• **Tomar un vaso de leche por la noche puede ayudar a conciliar el sueño** porque contiene un aminoácido, el triptófano, que parece ser un buen inductor del sueño.

• **El exceso de sal puede producir alteraciones en el sueño** al elevar la presión sanguínea por el incremento de la acumulación de líquidos, y obstaculizar la eliminación de ciertos residuos del metabolismo.

● Los alimentos ricos en hidratos de carbono favorecen el sueño (cereales y derivados, azúcar, patatas…), mientras que los ricos en proteínas acrecientan la alerta (huevos, carne, pescado…).

● Debes recordar que entre los **alimentos aliados del sueño** se encuentran los productos lácteos, la fruta, los cereales integrales, el arroz, las patatas, la sémola, el pan, las verduras y hortalizas y las legumbres. Entre los **enemigos del sueño** están las harinas, los

azúcares refinados (caramelos, pasteles…), el café, el té, las bebidas de cola, el alcohol, las comidas grasas, los fritos, los alimentos salados y los condimentos fuertes.

d. Qué hacer con las drogas sociales

¿Eres de los que les gusta tomarse una taza de café por la tarde? ¿Te gusta acompañarla de un cigarrillo? ¿Tomas una copita, después de cenar, mientras ves la televisión? El café, el tabaco y el alcohol afectan a la calidad de sueño. Por ello, les dedicamos esta sección.

1. *LA CAFEÍNA*

La cafeína es un estimulante, y eso significa que puede mantenerte despierto. Aunque los productos con cafeína permanecen en el cuerpo un promedio de tres a cinco horas, a algunas personas el efecto les puede durar hasta doce horas más.

La cafeína alcanza el máximo efecto a las dos horas de haberse ingerido y perdura durante siete horas. Por lo tanto, **el consumo de cafeína debe cesar, al menos, seis horas antes de acostarse**; sobre todo si tienes insomnio, porque es posible que seas especialmente sensible a la cafeína.

¿Qué productos contienen cafeína? El café, el té, el mate, las bebidas de cola y el chocolate. ¿Conoces alguno más? Si tienes problemas con el sueño, no estaría de más que leyeras las etiquetas de los productos que consumes para averiguar si contienen cafeína, teína u otros excitantes. Hay alimentos, refrescos o fármacos que contienen estas sustancias, pero quizá lo desconocemos. ¿Sabías que muchos antigripales contienen cafeína para eliminar el decaimiento propio de la gripe?

2. *LA NICOTINA*

Con frecuencia, tabaco e insomnio van cogidos de la mano. **La nicotina puede mantenerte despierto** porque es un estimulante, como la cafeína.

Fumar cuando se aproxima la hora de dormir puede perturbarte el sueño y hacer que te despiertes varias veces durante la noche. Hay algunas cosas sobre la nicotina que debes saber:

● Si eres fumador habitual y decides dejar el hábito, al principio el sueño empeora pero luego mejora.

● Aunque lo ideal es dejar de fumar, en caso de que no lo hagas **debes reducir la cantidad de tabaco en las horas previas a acostarte**.

● Si te despiertas en medio de la noche, **evita fumar durante los despertares**.

● **Fumar puede provocar congestión e inflamación en las vías respiratorias**. Esto puede hacer que el flujo de aire se vea obstaculizado causando problemas similares a los de la apnea del sueño.

3. EL ALCOHOL

Como el alcohol tiene efectos sedantes, algunas personas toman alcohol antes de ir a la cama para que les ayude a relajarse y quedarse dormidos. Si eres de los que tienen esta costumbre lo mejor es que empieces a dejar de hacerlo. Es cierto que el alcohol puede ayudarte a quedarte dormido, pero también **causa más interrupciones del sueño a lo largo de la noche**.

Para los bebedores sociales, o para aquellos que tomen una copa ocasionalmente por la noche, el mejor consejo es **evitar el alcohol seis horas antes de acostarse**.

e. Pero ¡dónde duermes! Controla el ruido, la luz, la temperatura y el colchón

Imagínate metido en una habitación con tres personas más durmiendo en ella, de las cuales una ronca. Por la ventana entra la luz de las farolas de la calle. Hace frío porque hay seis grados centígrados y la calefacción no funciona. ¿Qué tal dormirías? Mal, ¿verdad? Lo raro sería lo contrario.

Hay diferentes factores ambientales tales como el ruido, la intensidad de la luz o la temperatura de la habitación, que pueden interferir en la calidad del sueño. Esto no afecta a todas las personas por igual: mientras que algunas se pueden adaptar prácticamente a cualquier entorno para dormir, otras presentan insomnio transitorio cuando están en un ambiente que no les resulta familiar.

1. EL RUIDO

El ruido que causa un niño que llora, el ronquido de quien comparte la cama o el tráfico de la calle pueden retrasar el inicio del sueño o provocar despertares. El umbral para despertarse varía con la edad, de tal forma que cuando envejecemos es más fácil que nos despierten los ruidos del ambiente.

¿Qué podemos hacer cuando dormimos en un lugar en el que es inevitable que haya ruido? Existen varias alternativas. Veamos alguna de ellas:

- **Aislar la habitación**.

- Si no es posible aislar la habitación, los **tapones en los oídos** pueden reducir significativamente el nivel de ruido.

• Si no quieres ponerte tapones, el **ruido de fondo** de un ventilador o una radio (con un volumen muy bajo) ayuda a enmascarar ruidos más intrusivos.

• Una habitación muy amueblada amortigua más los sonidos que una poco amueblada.

2. LA TEMPERATURA

¿Qué es mejor, dormir en una habitación fría o en una calurosa? ¿Tú qué prefieres, dormir en un lugar en el que hace frío o en uno en el que hace calor?

Aunque no hay una temperatura que sea ideal para todo el mundo, la exposición a temperaturas extremas interfiere en el sueño normal. Una habitación calurosa (por encima de los 24º C) aumenta los despertares nocturnos, causa más movimientos corporales y empeora, en general, la calidad del sueño; mientras que una disminución de la temperatura por debajo de los 12º C provoca sueños más agitados y desagradables.

En general, es posible **regular la temperatura del lugar donde dormimos**. En una habitación calurosa el uso del aire acondicionado o ventiladores puede ser una solución. En un entorno frío son de utilidad los calefactores y las mantas. Cuando hace frío ayuda dormir con calcetines. Hay quien lo considera poco estético, pero ya se sabe, "ande yo caliente y ríase la gente".

3. LA LUZ

Unas condiciones de excesiva luminosidad dificultan el sueño prácticamente a cualquiera. Prueba de ello es la alta incidencia de trastornos del sueño entre las personas que, debido a su trabajo, tienen que dormir por el día.

Es importante asegurarse de que la habitación se quede totalmente a oscuras, con persianas que eviten que la luz de la calle o del día entre por la ventana. La colocación estratégica de cortinas o el cambio de la iluminación global por la de luces puntuales puede reducir la luz indeseada en algunos contextos.

4. LA CAMA

Un colchón que no sea cómodo puede alterar el sueño. Veamos algunas ideas interesantes sobre el colchón y la cama:

● ¿Es tu colchón desigual?, ¿se hunde por los lados o el medio?, ¿está lleno de polvo? Si alguna de estas cosas es un problema, quizás haya llegado el momento de comprar uno nuevo. (**Se recomienda cambiar de colchón cada diez años**). Además, para que te dure ese tiempo, recuerda que debes darle la vuelta cada tres meses.

● Aunque la firmeza del colchón suele ser una cuestión de preferencias personales, un colchón demasiado rígido puede ocasionar dificultades para dormir a quienes padecen de artritis, mientras que otro que sea demasiado blando puede ser desaconsejable para personas con dolores de espalda (un colchón blando se puede reafirmar colocando una tabla debajo).

● La elección del colchón también depende de si duermes de lado, boca arriba o boca abajo. De ello dependerá lo cómodo que te encuentres (por ejemplo, un colchón de látex garantiza el descanso en personas que duermen de lado).

● **El somier debe ser consistente** para evitar el desplazamiento hacia el centro de la cama de las personas que en él duermen.

● La cama debe ser, por lo menos, quince centímetros más larga que quien en ella duerme. Intenta **que la cama no sea muy estrecha**. Durante la noche, una persona puede cambiar de posición unas veinte veces; si la cama es pequeña podrías verte en el suelo.

Con respecto a **la almohada, no debe ser ni demasiado gruesa ni demasiado dura**, pues mantendría en tensión los músculos de la nuca y parte superior de la espalda, pudiendo aparecer dolor muscular a la mañana siguiente.

¿Qué tipo de sábanas son las mejores? Elige aquellas que más te gusten pero que no contengan fibras sintéticas, ya que impedirían la descarga estática del organismo.

5. *LA HABITACIÓN*

Como norma general, la habitación en la que duermes debe estar suficientemente aireada. Además, si eres una persona proclive al insomnio, debería estar pintada en colores suaves.

La habitación debe ser un lugar "libre de tiempo". Si te decides a acostarte, es hora descansar y dormir, da igual si es la una o las cinco de la madrugada. Algunos insomnes tienen un reloj digital iluminado toda la noche y cuando les cuesta quedarse dormidos, lo miran ansiosamente. Si se despiertan en medio de la noche, lo primero que hacen es mirar la hora. Da lo mismo qué hora sea porque siempre es la hora errónea. Hay que evitar esto, así que… ¡fuera relojes! Obviamente, para despertarse a la mañana siguiente a la hora deseada se necesita una alarma. En este caso, **el reloj debe estar en algún lugar desde donde pueda oírse pero no verse**.

Aunque una cama confortable en una habitación tranquila, oscura y libre de temperaturas extremas no garantiza un sueño profundo, cualquier alteración en estas condiciones del entorno probablemente interferirá en el sueño normal.

6.2. Conductas que alejan a Morfeo: ¡Di adiós a los hábitos de sueño incorrectos!

El insomnio es algo que no aparece de la noche a la mañana. Aunque en el insomnio agudo una vez que desaparece su causa suele desaparecer el problema, hay personas más propensas en las que el insomnio puede verse agravado si adoptan conductas tales como un horario irregular de sueño, dormir siestas durante el día, pasar un tiempo excesivo en la cama o usar el dormitorio para actividades que no sean las de dormir.

Estas conductas, que se realizan con la intención de sobrellevar los efectos producidos por la alteración del sueño, al principio pueden ayudar a compensar la falta de sueño, pero a largo plazo convierten en un problema persistente lo que, de otro modo, tan solo habría sido transitorio.

A continuación, te damos algunas pautas que debes seguir.

a. Control de estímulos

Todo aquello presente en el ambiente cuando te dispones a conciliar el sueño debe quedar asociado con dormir, al igual que se debe eliminar lo que pueda estar asociado con no dormir y que interfiera en el sueño.

Veamos algunas recomendaciones:

● **Acuéstate sólo cuando tengas sueño**. Cuando te acuestas pronto sin tener sueño, dispones de más tiempo para repasar lo que has hecho durante el día, para planear el día siguiente y para preocuparte por tu incapacidad para dormir. Esto es incompatible con la relajación y el sueño.

¿Eres de los que se acuestan a las nueve de la noche con la esperanza de estar dormido a las once? Lo normal es que a esa hora no tengas sueño, por lo que es posible que decidas leer, ver la televisión, escuchar música o simplemente descansar en la cama con la esperanza de que estas actividades favorezcan el sueño. Por desgracia, pasar demasiado tiempo en la cama aumenta la activación y exacerba las dificultades con el sueño.

● Una vez metido en la cama, si en un cuarto de hora no eres capaz de iniciar el sueño o conciliarlo de nuevo, levántate, ve a otra habitación y realiza alguna actividad tranquila.

Si te tumbas en el sofá, vuelve a la cama sólo cuando tengas sueño ¡no duermas en él!

Repite esto tantas veces como sea necesario a lo largo de toda la noche. Es peor dar vueltas en la cama y preocuparse por no dormir que levantarse y hacer otra cosa hasta que el sueño sea inminente.

Cuando pongas esto en práctica, lo normal es que las primeras noches tengas que levantarte cinco o diez veces, e incluso que no llegues a dormirte. ¡No te agobies! A medida que la falta de sueño aumenta a lo largo de las noches, quedarse dormido se va volviendo más sencillo.

Algunas ideas que te pueden ayudar a salir de la cama son las siguientes:

• Si hace mucho frío en invierno, deja una manta en el sofá.

• Si utilizas gafas, audífono, muletas, etc., déjalos al lado de la cama.

● No dejes bajo llave o en lugares de difícil acceso objetos que te permiten hacer cosas de forma relajada, como libros.

● Si levantarte de la cama es un problema para tu pareja, utiliza temporalmente otro dormitorio, en el caso de que sea posible.

Es cierto que salir de la cama puede resultar difícil y agotador; sin embargo, seguir de manera consciente esta pauta te ayudará a asociar tu cama y el dormitorio con dormirte rápidamente.

● **Utiliza la cama, o el dormitorio, exclusivamente para dormir**. No debes comer, hablar por teléfono, ver la televisión, oír música, estudiar, charlar con los amigos, resolver problemas, preocuparte, etc. en la habitación ni durante el día ni por la noche. Las relaciones sexuales son la única excepción a esta norma.

b. Mantén un horario regular

Mantener horarios regulares para trabajar, relajarse y dormir, ayudan a disfrutar de un sueño reparador. A continuación, te ofrecemos una serie de recomendaciones al respecto que debes tener en cuenta:

- **Acuéstate y levántate a la misma hora**.

- Si por algún motivo no puedes acostarte a la hora habitual, **no retrases la**

hora de levantarte por "dormir las horas preceptivas". Levántate a la misma hora a la que lo sueles hacer (incluso si te has quedado leyendo hasta las seis de la mañana). De otra forma, lo único que conseguirás es que tu cuerpo "aprenda" a leer toda la noche y a dormir por la mañana.

- ¿Qué decir sobre la siesta? Habrás oído, y leído, que nunca debes dormir la siesta durante el día porque ello podría hacer que no durmieras bien por la noche. Esto no es del todo cierto.

Hay personas que duermen mal por la noche si se han echado una siesta pero a otras no les ocurre. ¿Por qué unos sí y otros no? Parece no haber respuesta para esto. En el caso de que una siesta te ayude, no debes abandonar este hábito (siempre y cuando te apetezca). No obstante, te recomendamos que no dure más de una hora, que sea antes de las tres de la tarde, siempre a la misma hora y que se haga sólo en la cama. Si dormir la siesta te perjudica, entonces debes olvidarte de ella.

- De la misma forma que el sueño puede alterarse por llevar un ritmo de vida irregular, también **puede verse afectado si éste se establece de forma rígida**. Puede ocurrir que no cambies tu horario para ir a ver una película, leer un libro interesante o participar en un proyecto, por miedo a que perjudique tu sueño. Si te identificas con esto…, ¡relájate y sé más flexible! Posiblemente dormirás mal después de un acontecimiento interesante, pero a la larga, vivir una vida aburrida y rígida puede ser, poco a poco, tan malo para tu sueño como una agitación excesiva.

c. Nunca "intentes" dormir

¿Recuerdas haberte quedado dormido cuando querías permanecer despierto (por ejemplo en el autobús o viendo una película) pero te has espabilado cuando finalmente has decidido que querías dormir? ¿Te resulta difícil o imposible dormir por la noche pero te entra sueño cuando llega el momento de levantarte?

¿Por qué ocurre esto? Muchas personas, cuando tienen problemas de sueño, comienzan a dar vueltas en la cama y a "buscar el sueño". El problema es que cuanto más esfuerzo hacemos por dormir, más nos preocupamos por nuestra incapacidad para conseguirlo, lo que hace más difícil que nos quedemos dormidos. Estos intentos para apresurar el comienzo del sueño suelen tener el efecto opuesto, ya que provocan un aumento en la ansiedad. Cuanto más trates de permanecer despierto, más fácil te resultará quedarte dormido; y cuanto más intentes quedarte dormido, más tiempo permanecerás despierto.

¿Alguna vez has intentado no dormir? No, no nos hemos vuelto locos. Aunque te parezca raro, en ocasiones funciona, principalmente cuando el motivo que provoca el insomnio son las preocupaciones. Como es lógico, hacer esto, es decir, proponerte no dormir, supone hacer lo que más temes: no

dormir. En el insomnio, el primer problema aparece con la ansiedad anticipatoria, esto es, cuando se anticipan los acontecimientos negativos o desagradables que van a ocurrir al irse a dormir. Invertir tu actitud hacia el problema puede ayudarte. Debes intentar mantener los ojos abiertos con el propósito de no dormir.

¿Por qué puede funcionar esto? Porque al hacerlo la ansiedad anticipatoria no aparece, ya que el objetivo ahora es mantener los ojos abiertos y no dormir. Así, las condiciones son apropiadas para dormir, por lo que el sueño aparecerá.

d. Antes de ir a la cama, no te olvides de los rituales

¿Qué es lo que haces antes de irte a dormir? Antes de acostarse muchas personas llevan a cabo ciertos rituales tales como ver las noticias, ponerse el pijama, lavarse los dientes, rezar o sacar el perro a pasear.

Los rituales son actos que se hacen siguiendo una pauta. Da igual si los rituales previos a meterse en la cama son razonables o no para los demás. Lo importante es que suelen ser de gran ayuda para conseguir que te sientas más cómodo y relajado. Meterse en la cama y cerrar los ojos debe ser la última parte de los rituales nocturnos para tener un buen sueño.

Por ello, si observas que un ritual te ayuda, mantenlo; de lo contrario, intenta cambiarlo por otro.

e. Tómate tu tiempo para desconectar

El cerebro no es un interruptor. No puedes esperar trabajar hasta las once de la noche y quedarte dormido a las once y cuarto. **Es necesario desconectar poco a poco**.

Hay muchas formas de desconectar. Una de ellas es tomar un baño de agua caliente por la noche o darse un masa-

je. Tómate tu tiempo para hacer algo que te guste, leer un libro, ver algo de televisión o hablar con tu pareja, con tus hijos o con tus padres.

6.3. No dejes que los pensamientos te jueguen malas pasadas

(00:00) "¡Qué barbaridad! ¡Ya son las doce! Habrá que acostarse porque mañana se prevé un día de aquí te espero". (00:30) "¡Pues sí que estamos bien! Claro, anoche no dormí nada y por la tarde no me tenía en pie. No me quedó más remedio que echarme una siesta… y ahora no tengo sueño". (01:00) "¡Ya he perdido, por lo menos, una hora de sueño! Este tiempo ya no lo recupero y mañana no voy a dar pie con bola". (02:00) "Las dos,

¡ya sólo puedo dormir cinco horas! Esto no es normal, debo de tener alguna enfermedad".

¿Te resulta familiar lo que acabas de leer? Si tienes problemas para dormir, lo más probable es que hayas pasado por esto más de una vez. Este tipo de ideas que nos vienen sin que nos demos cuenta es uno de los problemas fundamentales para conciliar el sueño.

Estos pensamientos aparecen cuando el momento de acostarse y disponerse a dormir se ha convertido en una situación difícil y, en ocasiones, desagradable. Si al deseo de dormir se une, además, la necesidad de hacerlo para así estar en buena condición física y mental al día siguiente, el interés por conciliar el sueño puede llegar a convertirse en una obsesión.

En este caso, el problema no va a ser tanto la dificultad de conciliar el sueño en sí sino los pensamientos que no dejan dormir. Pero… ¿es posible que esto no te deje dormir? No es el pensamiento en sí lo que es un problema, sino la emoción que se produce cuando se tiene.

Para que sea más fácil ver cómo se produce esto, a continuación presentamos un ejemplo.

SITUACIÓN

Por la mañana, durante el desayuno

PENSAMIENTO

"¿Cómo voy a ser capaz de aguantar todo el día después de la noche que he pasado?"

SENTIMIENTO

Depresión, indefensión.

SITUACIÓN

En el trabajo, cansado

PENSAMIENTO

"No puedo con mi trabajo por no haber dormido bien por la noche".

SENTIMIENTO

Enfado, irritabilidad.

SITUACIÓN

Por la tarde, viendo la televisión

PENSAMIENTO

"Esta noche tengo que dormir"

SENTIMIENTO

Ansiedad, aprensión.

SITUACIÓN

Al prepararse para acostarse

PENSAMIENTO

"¿Qué sentido tiene acostarse, si sé que no conseguiré dormir?"

SENTIMIENTO

Indefensión, descontrol.

De esta forma, cuando llegas por la noche a casa y te pones a ver la televisión, lo que te va a crear problemas para conciliar el sueño no es pensar "esta noche tengo que dormir", sino la ansiedad que ese pensamiento te produce.

Por ello, dado que lo que piensas también afecta a lo que sientes y a lo que haces, en primer lugar vamos a explicar algunas ideas equivocadas que puedes tener con respecto al sueño. En segundo lugar, veremos alguna técnica que puedes utilizar para controlar tanto estos pensamientos como cualquier otra cosa que te ronde por la cabeza que dificulte conciliar el sueño.

a. Ya va siendo hora de cambiar tus creencias y actitudes hacia el sueño

A continuación, se describen algunas creencias erróneas que puedes tener sobre el sueño y que debes intentar modificar si no quieres que sean un problema.

1. *SOBRE LAS CAUSAS DEL INSOMNIO*

Lo habitual es que cuando una persona tiene insomnio lo atribuya al dolor, a una alergia, a la menopausia, a la edad, a una depresión o a alguna clase de desequilibrio químico. ¡Por supuesto que todo ello puede causar insomnio! El problema es que si sólo se tienen en consideración factores externos a uno mismo, la persona se vuelve pasiva, por lo que no intentará hacer nada por sí misma para mejorar su situación.

Por esta razón, es muy importante diferenciar entre lo que <u>causa</u> el insomnio y lo que lo <u>perpetúa</u>. Al margen de lo que inicialmente lo ha provocado (ya analizado en otro apartado), casi siempre hay otras variables relacionadas con lo que piensas y con tu conducta implicadas en la cronificación del insomnio.

En la medida en que ejerzas control sobre estas variables mejorarán tus patrones de sueño. Por ejemplo, aunque el dolor contribuya a la dificultad para dormir bien, los factores psicológicos pueden tanto aliviar como exacerbar estas dificultades. Por lo tanto, es importante adoptar una actitud más constructiva y asumir cierto control sobre estos factores si quieres aliviar tus problemas para dormir.

2. SOBRE SUS CONSECUENCIAS

Si es cierto que "no dormir" es un problema, las personas con insomnio suelen llevar peor las supuestas consecuencias del insomnio en su rendimiento, bienestar psicológico y salud física.

Hay que andarse con cuidado y no echarle la culpa de todo al sueño, porque aunque no dormir tiene sus consecuencias, las que son atribuibles al insomnio son limitadas. No siempre podemos culpar al sueño de nuestros cambios de humor, la falta de energía y el bajo rendimiento diurno, porque estos pueden estar provocados por otras muchas razones.

Si te preocupas por las consecuencias de dormir mal alguna noche de vez en cuando, lo único que conseguirás es agravar el problema porque hará que te sientas más ansioso, y disminuirá tu tolerancia a la falta de sueño, por lo que aumentará la probabilidad de que no duermas bien la noche siguiente.

3. SOBRE EL SUEÑO

¿Cuántas horas piensas que necesitas dormir para sentirte bien?

Ante esta pregunta, muchas personas responden "ocho". En la mayoría de los casos dan esta respuesta no porque sea la cantidad de horas de sueño que realmente necesitan para sentirse bien a la mañana siguiente, sino porque existe la creencia común de que todo el mundo debe dormir ocho horas de sueño cada noche, cada día de la semana, para estar bien al día siguiente.

Este pensamiento suele agravar los problemas de sueño porque provoca ansiedad en algunas personas, dado que se sienten presionadas al imponerse como objetivo el alcanzar esa cantidad de horas.

Algunas expectativas poco realistas sobre el sueño son las siguientes:

- "Debo dormir ocho horas cada noche". Aunque el promedio de horas de sueño en adultos está entre siete horas y media y ocho horas por noche, no deja de ser un promedio, de tal forma que algunas personas llevan vidas muy productivas con tan sólo cinco o seis horas de sueño mientras que otras necesitan dormir hasta diez u once horas.

- "Debo dormirme en pocos minutos". El tiempo que uno tarda en dormirse también es variable. Hay personas que se quedan dormidas tan pronto como se acuestan mientras que otras necesitan más tiempo. ¿Cuánto más? El límite suele establecerse en media hora. Si tardas más, posiblemente tengas insomnio de inicio.

- "Si me despierto por la noche es que tengo insomnio". El número y la duración de despertares aumenta con la edad, pero eso no indica que tengas insomnio. Es muy probable que te despiertes más veces de las que piensas. Generalmente los despertares que duran menos de cinco minutos no se recuerdan.

Es mejor **evitar la comparación de tu patrón de sueño con el de los demás**. Siempre habrá alguien que sea más alto, más rico o que duerma mejor que tú. Simplemente, reconoce estas diferencias individuales e intenta recordar que puedes ser igual de productivo pasando menos tiempo durmiendo.

b. Si no dejas de darles vueltas a las cosas, no esperes quedarte dormido

Hay personas a las que cuando están en la cama por la noche les cuesta controlar sus pensamientos, tienen preocupaciones o planifican lo que van a hacer al día siguiente. Por ello se alarga el período de vigilia precisamente en el momento en que se quieren dormir.

Si te ocurre esto, hay algunos **juegos mentales** que puedes hacer al ir a la cama, sobre todo cuando estás tenso:

● Acostado en la cama boca arriba, imagina que eres una esponja. Los brazos están sueltos y separados del cuerpo, los hombros relajados y las piernas separadas, también sin tensión. Aprieta el cuello y la espalda contra la cama. Respira profundamente, dejando que cada parte del cuerpo se relaje.

● Con los ojos cerrados cuenta despacio desde diez hasta cero, viendo mentalmente los números. Debes percibirlos en progresión descendente, como si cada uno estuviese en un peldaño inferior de una escalera. Todos los músculos del cuerpo deben irse relajando mientras visualizas los números.

Una técnica que puedes practicar es la *imaginación*. El objetivo es favorecer la relajación y desviar la atención de pensamientos negativos y que provocan activación. ¿Por qué se llama imaginación? Porque la idea principal es que centres tu atención en una serie de situaciones u objetos que debes imaginar. **Debes elegir una escena tranquila y recrearte en ella**, por ejemplo, el sol te calienta suavemente en la pla-

ya (este es el principio que explicaría por qué, en ocasiones, "contar ovejas" funciona).

A través de la imaginación se pueden crear sensaciones que favorezcan la relajación, como la de pesadez o de calor. Para favorecer la sensación de pesadez puedes imaginar que las diferentes partes del cuerpo se encuentran pegadas al suelo o al colchón, que se hunden o que se convierten en hormigón. Con respecto a la de calor, puedes imaginarte cómo circula la sangre por tus venas, arterias y capilares de las diferentes partes del cuerpo.

¿Cuál es la imagen que a ti te relaja? Utilízala siempre que quieras relajarte. Es muy importante que emplees todos los sentidos para recrear la imagen. Si recreas el campo, no sólo debes verlo sino que debes centrarte también en sus olores, los sonidos y el tacto.

6.4. ¿Esto sirve para todos los tipos de insomnio?

Cuando el insomnio es de tipo secundario, suele remitir cuando desaparece la causa que lo provoca. En caso de que la causa no desaparezca, posiblemente el insomnio persistirá. Si lo que lo provoca no es grave, es posible que el insomnio mejore aplicando lo que se ha ido explicando en este libro. Por ejemplo, si eres una persona con tendencia a que se altere tu estado de ánimo, y esto te provoca insomnio, éste podrá mejorar si aprendes a relajarte (y lo practicas), haces ejercicio, controlas la alimentación y mantienes un horario regular.

Cuando lo que provoca el insomnio es grave, es más difícil que éste mejore si no lo hace su causa. Siguiendo el ejemplo anterior, si tu estado de ánimo se encuentra muy alterado, por ejemplo, a causa de una depresión grave, da igual lo que hagas; hasta que la depresión no remita, el insomnio tampoco lo hará.

El insomnio más difícil de mejorar es el idiopático (también conocido como insomnio de inicio en la infancia). Si este es el tipo de insomnio que padeces, ¿qué puedes hacer? Debes seguir todas las recomendaciones que se han dado en este libro de una forma más concienzuda que las personas que sufren cualquier otro tipo de insomnio (practicar suficiente ejercicio, aplicar las reglas de control de estímulos, no tomar nada de cafeína, etc.). Posiblemente necesitarás la ayuda de un profesional.

Sea cual sea tu caso, debes tener claro que **para mejorar los problemas de insomnio se requiere tiempo, paciencia y esfuerzo**. Para llegar al objetivo de dormirte pronto y reducir el tiempo que pasas despierto en mitad de la noche, es necesario que cumplas con todo lo que hemos explicado. Lo importante es la globalidad de la intervención y no cada una de sus partes por separado, alguna de las cuales posiblemente ya conocerías.

6.5. Algunos casos que merecen una especial atención

a. Insomnio del domingo por la noche

Las personas con "insomnio de la noche del domingo" pasan una noche terrible el domingo. Esto hace que tanto ellos como sus familias lleguen a pensar que son unos vagos o que no quieren afrontar las tareas de la semana, pero en muchas ocasiones se debe a que durante el fin de semana se ha descontrolado el ritmo circadiano.

Por ejemplo, si el viernes por la noche sales hasta tarde porque al día siguiente no tienes que trabajar, y el sábado por la mañana te quedas en la cama unas cuantas horas más de lo habitual, tu reloj interior se habrá retra-

sado varias horas. Si a esto le unes el salir el sábado por la noche hasta más tarde y levantarte a la hora de comer el domingo por la mañana, tu reloj interno acumulará más horas de retraso. Cuando llega el momento de meterse en la cama y dormir las horas suficientes para empezar bien la semana, para tu reloj interno es como si aún fuera temprano, dado que no le influye que en realidad sean, por ejemplo, las 11:45 de la noche (¿no era esa la hora de ir a la discoteca?).

Además, a esto hay que añadir la ansiedad que implica enfrentarse en unas pocas horas a la presión del trabajo.

Si para ti el insomnio de la noche del domingo supone un problema, deberías acostarte a una hora razonable el viernes y el sábado por la noche, y despertarte a la hora habitual el sábado y el domingo por la mañana. Estarás un poco cansado pero así no se perturbará tu reloj interno y serás capaz de dormir bien la noche del domingo y despertarte descansado el lunes por la mañana. Si no te crees capaz de hacer esto, al menos intenta que las diferencias horarias no sean muy bruscas.

Trasnochar no es lo único que puede desestabilizar tu sueño los domingos. Jugar un partido de fútbol el domingo por la tarde (sobre todo cuando no sueles hacer ejercicio) o pasar toda la tarde del domingo tirado en el sofá también pueden influir. En este caso no hay que dejar de disfrutar de esta manera de tu tiempo libre, sino de intentar cambiar el partido de fútbol a la mañana o de dar un paseo corto por la tarde, antes de cenar.

En definitiva, de lo que se trata es de que en el fin de semana no se produzca una ruptura absoluta con tu ritmo habitual.

b. Dormir de día y trabajar de noche, o cambiar de turnos

Los seres humanos estamos preparados para <u>dormir</u> de noche, no para <u>trabajar</u> por la noche. Aun así, podemos trabajar cuando deberíamos estar durmiendo, pero en general, nuestras hormonas y nuestros ritmos están programados para funcionar óptimamente durante el día.

La civilización moderna ha fomentado el desarrollo de trabajos que se realizan durante todo el día y toda la noche, forzando de forma no natural que algunas personas trabajen de noche (evidentemente es inevitable la existencia de algunos trabajos en este horario, tales como el realizado en hospitales o por las fuerzas de seguridad).

Los trabajadores nocturnos normalmente trabajan de noche durante cinco días y tienen los otros dos días de la semana libres. Durante esos dos días, quieren ver a sus familiares, por lo que tratan de dormir por la noche y estar despiertos durante el día. Entonces, empieza de nuevo el turno de noche en el trabajo. Dado que lleva dos semanas adaptarse completamente a un cambio noche-día, los trabajadores en estos horarios cambiantes de forma permanente nunca pueden habituarse al ritmo por completo. Ellos emplean su vida, algunos hasta cuarenta años, en un permanente *jet-lag*. En estas circunstancias el humor se altera, disminuye el rendimiento y aparecen problemas de salud.

Trabajar durante cinco noches y entonces cambiar el horario para estar con la familia los fines de semana no es bueno, pero aún es peor hacerlo en turnos rotativos (una semana por la noche, una semana por la tarde y otra semana durante el día). Los trabajadores que tienen turnos que cambian semanalmente suelen estar descompensados con respecto a sus ritmos. Es mucho mejor tener períodos de tiempo mayores para rotar, por ejemplo, tres semanas.

También hay que tener en cuenta que ir al revés que el reloj afecta más al organismo que ir a su favor, por lo que el cambio en el ritmo mañana-tarde-noche sería más adecuado que el cambio de turnos noche-tarde-día. ¡Claro, que estos consejos se los deberíamos contar a los responsables que organizan los turnos!

Si trabajas de noche o por turnos, te recomendamos lo siguiente:

● Cuando vuelvas a casa después del trabajo, **tómate tu tiempo para relajarte y desconectar antes de meterte en la cama**. No esperes volver del trabajo a las once de la mañana y estar completamente dormido a las once y media.

● **Establece un horario de sueño y cúmplelo**. Aquellas horas que destines al sueño son para ello y no deben sacrificarse, por ejemplo, por reuniones con amigos.

● Haz que tu habitación esté lo más oscura posible y protegida de ruidos. Intenta dormir en un lugar alejado de la actividad familiar (una cocina ruidosa o el baño).

● **Limita la cantidad de café, té y cualquier bebida con excitantes**. Bebe solamente al inicio de tu jornada.

Cuando cenes, procura que no sea una comida copiosa, picante o de difícil digestión.

● Trata de establecer un horario de sueño para los días en los que se va a cambiar el turno. Por ejemplo, cuando tu próximo turno sea el de la tarde, en los días previos trata de acostarte más tarde para facilitar la adaptación al horario que se aproxima.

c. ¿Vas o vienes? El *jet-lag*

El *jet-lag* se produce cuando viajas de forma rápida a través de diversas zonas horarias, haciendo que tu ritmo interno biológico no esté sincronizado con el horario del lugar al que vas. Cuando llegas a tu destino te encuentras cansado. A pesar de la fatiga, cuesta quedarse dormido, se producen numerosos despertares y el sueño no es reparador (el *jet-lag* se nota especialmente cuando se atraviesan tres o más zonas horarias).

En algunas personas también se produce un pequeño *jet-lag* cuando se cambia el horario oficial (se adelanta o se retrasa el reloj una hora). Mientras que unos se adaptan bien a ese cambio de una hora, otros necesitan su tiempo para sentirse cómodos.

Veamos qué consejos puedes seguir cuando viajes atravesando zonas horarias:

● **Planifica el viaje**. Si viajas por trabajo, intenta llegar al lugar de destino un par de días antes de una reunión importante para que te dé tiempo a adaptarte. Como muchas veces no será posible, al menos procura que la reunión se celebre a una hora en la que es seguro que estarías despierto en tu lugar de origen.

● Antes de salir de viaje, **ajusta gradualmente tus horas de sueño y de comida a las horas de tu lugar de destino**.

● En el avión, **procura beber mucho líquido** para prevenir la deshidratación producida por los bajos niveles de humedad del avión (la deshidratación hace que al organismo le cueste más trabajo ajustar su ritmo circadiano).

● Cuando llegues a tu destino, cambia de inmediato la hora. No vayas a la cama simplemente porque tengas sueño; espera hasta que sea la hora apropiada para ir a dormir en el lugar en el que estás. Sal a la calle, incluso si estás cansado, y camina, siéntate en un parque o come algo en un bar, y pro-

cura que te dé la luz del sol directa-
mente. El segundo día exponte al sol
todo lo posible. El tercero, cuando sea
de día, tu cuerpo debería haberse ajus-
tado a la hora local.

Capítulo 7

NO TE AGOBIES. SI TODO FALLA, ¡ACUDE A UN PROFESIONAL!

"Crónico" es la palabra clave. Habitualmente, no es necesaria la ayuda de un profesional cuando el insomnio es algo pasajero, pero si el problema persiste y has probado todas las soluciones que hemos propuesto en este libro, no sufras innecesariamente y pide ayuda. Cuanto más tiempo pienses que no se puede hacer nada con tu insomnio, más difícil será tratarlo.

Si sientes que el estrés, la ansiedad, los nervios o los problemas emocionales recientes son la base de tus problemas de sueño, y no eres capaz de resolverlos por ti mismo, deberías acudir a un profesional para que te ayude con ello.

Por otra parte, recuerda que en algunas personas los problemas de sueño pueden estar provocados por causas médicas. Si nada de lo que has intentado para combatir tu insomnio parece funcionar y aún no has visitado a un especialista, lo primero que deberías hacerte es una revisión médica. Asegúrate de informarle sobre la evolución de tu problema y todo lo que has hecho para intentar solucionarlo. No admitas que de forma rápida te prescriban un somnífero, lo mejor es que pidas que te hagan una exploración completa para averiguar sus causas.

Para que sepas cómo funciona la ayuda especializada en trastornos del sueño, a continuación te explicamos algunas de las soluciones a tu insomnio que el especialista puede aplicarte.

7.1. ¿Tratamiento farmacológico?
Sólo bajo prescripción médica. ¡No a la automedicación!

Los somníferos son los fármacos que se emplean para dormir. Aunque pueden ser buenos para una intervención en un momento de crisis, no deben usarse <u>jamás</u> para mantener el sueño de forma continuada. Debe ser el último método al que recurrir, cuando otros hayan fallado pero siempre bajo prescripción médica.

Las "pastillas para dormir" más usadas en el insomnio son las benzodiacepinas (es el nombre del principio activo). Reducen el tiempo necesario para iniciar el sueño, disminuyen el número de cambios posturales y aumentan el tiempo total de sueño y la eficacia del mismo. Estas ventajas se acompañan de unos cuantos efectos secundarios que hay que tener muy en cuenta. Veamos algunos de ellos:

-**No provocan un sueño natural**, pues modifican las distintas fases del sueño. Esto puede originar que a la mañana siguiente te encuentres somnoliento y poco activo, como si no hubieses tenido un sueño reconfortante.

-Entre los **efectos secundarios** producidos a la mañana siguiente, caben destacar la somnolencia, deterioro en la coordinación psicomotora, disminución en el rendimiento, peor memoria y menor capacidad de concentración.

- **Su uso durante un cierto período de tiempo hace que pierdan eficacia**, lo cual induce a la persona a incrementar la dosis para conseguir el efecto deseado. En otras ocasiones, a pesar de que los somníferos ya no surten efecto, las personas los siguen tomando para evitar el "insomnio de rebote", es decir, una vez que el cuerpo humano ha aprendido "a confiar" en los somníferos, su eliminación puede provocar un insomnio mucho mayor que el original.

- **Si se toman de forma continuada generan dependencia física**. Esto quiere decir que cuando se intenta dejar de tomar estas pastillas aparece el llamado "síndrome de abstinencia" consistente en insomnio, irritabilidad, ansiedad, cansancio, dolor de cabeza, problemas gástricos, sudoración, palpitaciones y temblores, entre otros.

Hasta la fecha, ningún fármaco induce y regula el sueño de una forma idéntica a la natural, y las benzodiacepinas no son una excepción. No obstante, en caso de que en algún momento debas tomar pastillas para dormir, hazlo sólo bajo vigilancia médica.

¿Qué ocurre si quieres dejar las pastillas para dormir que llevas tomando durante años? Si lo haces siguiendo la prescripción de un médico y lo controla periódicamente, no hay problemas mayores para ir dejándolas. Sí puede haberlos cuando te limitas a seguir los consejos de un "amigo".

7.2. Cronoterapia: no es cosa de niños ni de aficionados

La cronoterapia es una técnica que intenta sincronizar el deseo de dormir con las horas programadas para ir a acostarse.

Al ser muy difícil que una persona con dificultades para quedarse dormida al ir a la cama se duerma antes de la hora habitual, la cronoterapia opta por retrasar esa hora.

El tratamiento se inicia estableciendo la hora en la que habitualmente se duerme la persona. Podemos llamarla la "hora de referencia". En la primera fase, la persona se acostará tres horas después de la "hora de referencia", y esto se mantendrá constante durante un tiempo. En la segunda fase, se realiza otro retraso, en este caso, de seis horas con respecto a la "hora de referencia". Se sigue con este horario hasta el inicio de la tercera fase, y así sucesivamente hasta que alcanza la "hora óptima de sincronización", que es el momento en el que los ritmos biológicos están ajustados con el horario estándar.

Como podrás imaginar, es difícil llevar a cabo esta técnica en época de trabajo, ya que muchas personas no se

pueden permitir acostarse a las ocho de la mañana durante varios días. En estos casos, el especialista aplica la técnica en periodo vacacional (es importante que se realice bajo la vigilancia de un experto porque si se hace de forma incorrecta puede empeorar el insomnio).

7.3. Fototerapia, o hacer que el día sea más de día

¿Sabías que nueve de cada diez personas ciegas tienen problemas de sueño? Muchos de ellos dicen que están muy somnolientos durante el día, que tienen problemas para quedarse dormidos o que se despiertan frecuentemente a lo largo de la noche.

Dado que la luz es un claro indicador del momento del día en el que es-

tamos, y esto facilita dormir, la foto-
terapia puede ser, en algunos casos, un
tratamiento eficaz en personas con unos
ritmos de sueño demasiado cortos o
demasiado largos.

Esta técnica consiste en situarse durante un determinado período de tiempo delante de una luz intensa. Así, una
persona con somnolencia diurna debe
sentarse, aproximadamente una hora, a
una corta distancia de una lámpara es-
pecial en el momento en que empiece
a sentirse somnoliento (la luz habitual
de las habitaciones no suele ser lo suficientemente intensa para producir
ningún efecto). Durante este tiempo
se puede aprovechar para leer, hacer
ejercicio físico, etc. (No está permi-
tido el uso de gafas de sol porque esta
técnica funciona actuando sobre la re-
tina).

7.4. Hospitales de noche: las Unidades del Sueño

Si acudes a tu médico para solucionar tus problemas de insomnio puede que te derive a un especialista del sueño. Éstos se encuentran en las Unidades del Sueño, cuyo objetivo es el diagnóstico y tratamiento de los trastornos del sueño que ya conoces. En todas la Comunidades Autónomas existen hospitales que disponen de este tipo de unidades.

Si te envían a una Unidad del Sueño, ¿qué te vas a encontrar en ella?

Primero te realizarán una entrevista en la que te formularán preguntas para saber más sobre tus patrones de sueño, aspectos psicológicos y sociales, y las ideas y sentimientos que tienes con respecto a tu problema de sueño.

Después, el especialista decidirá si es necesario que te quedes una noche a dormir en la Unidad. Si tuvieras que dormir en ella, podrían pedirte que te quedaras allí todo el día para poder aplicarte pruebas y controlar lo dormido que estás durante el día.

Hay personas que se preguntan cómo es posible dormir allí si no consiguen hacerlo en casa. Esto no suele ser un problema. De hecho, muchos insomnes duermen mucho mejor en la Unidad que en casa. Una de las razones

es porque en el hospital la persona no está obsesionada con dormir y no se esfuerza por conseguirlo. (Como ya hemos comentado con anterioridad, cuanto menos se hace por dormir, más fácil es quedarse dormido).

Una vez que estás en la Unidad, te pones el pijama y te preparas para irte a dormir. Estás solo en una habitación con un armario para guardar tus pertenencias. Lo único realmente extraño es que parecerás una central eléctrica ya que un técnico te conectará unos electrodos para medir tu actividad cerebral, y un aparato en la oreja para medir el nivel de oxígeno en la sangre. De esta forma, se puede determinar si tu sangre se oxigena bien durante el sueño. Si, por ejemplo, padeces de apnea, esto permite valorar su gravedad. También te pondrán electrodos en las piernas para observar si éstas se mueven durante el sueño, y en el pecho para registrar la actividad cardiaca.

Los datos que recojan durante las noches que duermas en la Unidad permitirán a los médicos tener un conocimiento detallado y exacto de tu problema.

* * *

Como puedes observar, existen muchas cosas útiles para intentar mejorar el insomnio. Si sigues las recomendaciones que te hemos ofrecido, puede ocurrir que, al principio, observes que

tu sueño empeora y que cuando te levantas por la mañana te sientes más cansado de lo habitual. ¡No te desanimes! Es normal. Los beneficios se hacen evidentes con el tiempo y la práctica continuada. **La constancia con la que sigas estas recomendaciones ayudará a que tu sueño mejore**. Las personas que realmente lo aplican bien suelen empezar a notar una clara mejoría en sus patrones de sueño después de seis u ocho semanas de práctica.

Recuerda que esto no es una batalla que debes librar tú solo. Si por mucho que lo intentes no encuentras mejoría, que la desesperación no te haga tirar la toalla. Te animamos a pedir la ayuda de un profesional.

¡Que el insomnio no te quite el sueño!

PARA SABER MÁS

Chóliz, M. *Cómo vencer el insomnio*. Madrid, Pirámide. 1994.

Estivill, E. *Apuntes prácticos del insomnio: diagnóstico y tratamiento*. Madrid, I.M. & C. 1997.

Laks, P. (1993). *Tratamiento del comportamiento contra el insomnio persistente*. Bilbao, Desclée de Brouwer. 1993.

Morín, C.M. *Insomnio. Asistencia y tratamiento psicológico*. Madrid, Ariel. 1998.

ALGUNAS PÁGINAS WEB DEDICADAS AL INSOMNIO (en castellano)

Roncadores Anónimos, Asociación de Trastornos del Sueño pretenden facilitar información a las personas afectadas por los trastornos del sueño.

http://personal.redestb.es/eros/suenyo.htm

Dr. Insomnio.Com. Como dicen en su página de inicio: "Este sitio está dirigido a todas las personas, millones en el mundo, que sufren trastornos de insomnio. Para ellos, y con el fin de compartir sus angustias y sufrimientos, como así también ayudarlos en el camino de su recuperación, hemos pensado

http://216.234.176.187/drinsomnio/index.html

Egalenia es una web dedicada a temas de salud, en la que podrás encontrar una enciclopedia médica, que incluye una sección acerca del insomnio.

http://www.egalenia.com/ega/es_27.htm

Información proporcionada por la Fundación Jiménez Díaz sobre el Síndrome de Piernas Inquietas.

http://www.fjd.es/ConsejosSalud/Consejos3.htm

Algunos consejos sobre alimentos e infusiones útiles para superar el insomnio y las pesadillas.

http://www.proyectopv.org/1-verdad/ insomnio.htm

Página médica en la que informan sobre causas y tratamiento del insomnio en niños.

http://www.tuotromedico.com/temas/ insomnio_en_ninos.htm

¡Curiosidades! En Internet se encuentran las cosas más raras. Entra en esta página y ¡te sorprenderás!

http://blues.uab.es/~dppu25/maig00/turma/ index.htm

ÍNDICE

TÍTULOS DE
ESTA COLECCIÓN

6. EL AUTOCONTROL EMOCIONAL
Claves para no perder los nervios.

7. ¡SIN COMPLEJOS!
Claves para identificar y eliminar nuestros complejos.

8. ¿QUIERES SER FELIZ?
Claves para mejorar nuestra autoestima.

9. CÓMO AFRONTAR LA SOLEDAD
Conectando con los demás-conectando con nosotros mismos.

10. LA ANSIEDAD
Claves para vencerla.

11. CÓMO DORMIR MEJOR
Claves para combatir el insomnio

12. LA MEMORIA
Claves para ejercitarla y desarrollarla.

13. MIEDOS Y FOBIAS
Claves para afrontar las mil caras de la ansiedad.

14. LA TIMIDEZ
Claves para superarla y mejorar nuestra relación con los demás.

15. LAS ADICCIONES EN ADOLESCENTES
Claves para prevenirlas y afrontarlas: una guía para padres.